Zoltan Adalbert Steczik • Traumländer

Zu diesem Buch:

Zoltan A. Steczik, der mit seinen Gedichten schon mehrmals in den Anthologien des Frieling-Verlages in Erscheinung getreten ist, legt hier in gewohnter und gekonnter Weise alte und neue Gedichte vor, die vor persönlichen Erkenntnissen sprühen und geistvoll manches Mal noch um einiges tiefer schürfen.

Seine Naturlyrik ist von tiefempfundener Naturerfahrung und von einer genauen Beobachtungsgabe geprägt. Seine anderen Gedichte lassen leidvolle, existenzielle Erfahrungen erahnen und mitfühlen. Die Lyrik des Autors kultiviert so den Schatz seiner eigenen Erfahrungswelt, um daraus für andere Erkenntnisse über das menschliche Leben zu schöpfen. Dies schließt gleichzeitig rein künstliche Vorstellungswelten aus. Seine Gedichte sind Feinde der Gedankenlosigkeit, womit sie sich auch nicht der politischen Stellungnahme enthalten. Glauben, Friede, Liebe (so auch die Titel seiner Buchstabenverse am Ende der Gedichtsammlung), das sind die Hauptmotive, wenn sich der Autor mit menschlichen Problemen beschäftigt. Man spürt darin noch so etwas wie einen „Verlust der Mitte", dem seine Gedichte nun für andere Menschen vorbeugen sollen. Seine Kritik an den gesellschaftlichen Verhältnissen ist dabei keineswegs kulturpessimistisch, sondern stimmt anregend und nachdenklich zugleich. Die modernen Gesellschaften haben danach auch gute Seiten: Diese gilt es entschlossen zu befördern, dann finden wir vielleicht auch in ihrer Realität Eingang in die Traumländer, die bisher nur unsere Phantasien beherrschen.

Der Autor eröffnet der Phantasie des Lesers derart immer wieder neue, ungeahnte Felder von Möglichkeiten. Seine Gedichte zeigen Perspektiven auf, und sie sind gleichzeitig erlebbare Abenteuer der Vorstellung. Sie finden rhythmisch vor allem Halt in klassischen Versformen, was aber das sprachliche Experiment nicht ausschließt. Dies macht die besondere Note der Gedichtsammlung aus. – Seine „Traumländer" entsprechen schließlich dem Hunger vieler Menschen nach einer besseren, friedvolleren Welt. „Auch Seelen müssen mal ausruhen" von den Lebens- und Naturgesetzen. Das klingt nach humorvoller und praktischer Lebenshilfe. Wie oft trifft man das sonst schon bei heutiger Lyrik an?

Zoltan Adalbert Steczik

Traumländer

Gedichte in der Zeit

FRIELING

Die Deutsche Bibliothek – CIP-Einheitsaufnahme

Steczik, Zoltan Adalbert:

Traumländer: Gedichte in der Zeit / Zoltan Adalbert Steczik –
Orig.-Ausg., 1. Aufl. – Berlin: Frieling, 1996
(Frieling-Lyrik)
ISBN 3-8280-0114-9

© Frieling & Partner GmbH Berlin
Hünefeldzeile 18, D-12247 Berlin-Steglitz
Telefon: 0 30 / 7 74 20 11

ISBN 3-8280-0114-9
1. Auflage 1996
Titelillustration: Michael Reichmuth / COREL
Sämtliche Rechte vorbehalten
Printed in Germany

INHALTSVERZEICHNIS

GESTÄNDNIS

Zauberin Natur, du hast's mir angetan,
sanft oder schroff steigst du zur Höh' hinan
und fällst, so dir's gefällt, zu Tale.

Du schlängelst dich durch Wies` und Wald
mit Anmut und als Junggestalt
zum hunderteinten Male.

Vergliche man den Tag mit dir,
der Morgen, deiner Schönheit Zier,
der Mittag, deiner Fluren Glanz.

Die Dämm'rung, der Gebirge Matten,
der Abend, deiner Wälder Schatten,
die Nacht, des Tages dunkler Schwanz.

Die Strömung macht`s alleine nicht,
zeigst du dein trotziges Gesicht,
die Jugend hält dich wach.

Und unnachahmlich, wie du bist,
du plötzlich in die Tiefe schießt,
wie auf der Flucht begriffen.

Der Berge Felsen stehen auf
und nehmen alles gern in Kauf,
dies alles unter deinem Dach.

Und aufrecht in des Himmels Bläue,
ragt Fels auf Fels und stets aufs Neue
wird Stein um Stein geschliffen.

Der Fels, der Berg, die Schlucht, das Tal
sind bare Schönheit allemal,
bin stets davon ergriffen.

Wer hoch im Fels sich schon befand,
hat stets zu ihnen sich bekannt,
in Wort, in Tat, in Briefen.

Der Wiesen sattes Grün macht froh
und grüßt den Wand`rer heiter so
am wieselflinken Bach.

Die Wälder in der Ferne missen,
was Menschen schon so lange wissen:
ein saub'res Himmelsdach.

Natur, in deiner ganzen Pracht,
kannst du behaupten deine Macht,
bist du imstand zu siegen?

Kannst du mit deiner großen Kraft
dich wehren gegen Machenschaft
des Bösen und Intrigen?

Das Glück, so vage es auch ist,
ist sehr viel mehr, wenn man es mißt,
man muß sich drauf verlassen.

Hoffnungsstärke, soll sie nützen,
muß Vernunft am Machtstuhl sitzen,
Verzweiflung darf nicht hassen.

Der Himmel sei gegönnt als Dach,
die Flur als gutes Schlafgemach,
der Fels als Fundament.

Und schläfst du wohl, so tun wir's auch,
so ist es bei den Guten Brauch
und dem, der Ruhe kennt.

UNBEKANNTE GRÖSSEN

Ein Grat, so schmal, daß man fast meinen möchte,
ein Tritt daneben sei einkalkuliert,
doch Vorsicht läßt sich nicht vorherbestimmen,
sie wird im selben Maße größer,
als wie die Sturzgefahr sich produziert.

Selbst größte Vorsicht läßt den Zufall walten,
es scheint, man habe alles fest im Griff,
doch Schein allein, gibt keine Sicherheit,
auch nicht die großposaunte Garantie,
sie sind anfällig, wie ein Boot im Riff.

Verzweiflung, die sich an des Tages Licht
gedrängt sieht, sich zu offenbaren,
begleitet von der Ohnmacht Wehen,
muß selbst im Zug der großen Trauer
mit einem Henkerskarren fahren.

Wir setzen uns in graue Asche,
und schwarzes Tuch umhüllt den Geist,
wir, die von unerfüllten Träumen
durchdrungen und von schlimmen Zweifeln
geplagt, erfüll'n die Pflichten meist.

Doch schön ist es, das Pflichtgefühl zu kennen
und auszukosten, so gut man kann,
nur dann gewinnt man jene Kräfte,
die nötig für die magere Zeit
und einen positiven Spann.

SCHULDBELADEN

Schuldbeladen muß man dienen
endlos scheinendem Gewissen,
mehr noch als von diesem Wissen,
zeugt das Bild von Leidensmienen.

Ein Begleiter schlimmster Sorte,
mit konkreten Wesenszügen,
flicht und knüpft gemeine Lügen,
Netze mit des Schicksals Worte.

Wer kann diesen Zwang verstehen?
Der darunter steht und leidet
und an dessen Band sich schneidet.
Wer kann frei ins Aug' ihm sehen?

Muß die Saat so schrecklich werden,
daß man sich des Lebens scheut?
Ist des eig`nen Leids nicht heut'
schon genug auf dieser Erden?

NATUR

Ich spüre die Nähe des Waldes,
ich rieche den Schweiß der Natur,
ich fühle die Stärke des Windes,
bin oft auf ihrer Spur.

Ich sehe das Wogen des Weizens,
das Fallen der Früchte vom Baum,
ich lausche gespannt auf die Sprache
von einem wahren Traum.

Ich höre ganz still ihre Worte,
dein Wortschatz, Natur, ist sehr reich,
dein Flüstern, dein Klagen, dein Toben,
dein Klopfen, dein Reden, dein Schrei'n.

Die Stimmen, kunstvoll verwoben
im Chorkampf von Träumerei'n,
erklimmen die höchsten Spitzen
in der Natur Kunstverein.

Doch lieblich, Natur, ist dein Lispeln,
die Sprache, wie leiser Gesang,
wenn deine Lüfte sie tragen,
gehört dir, Natur, Herzensdank.

DIE GEGENTEILE

Die Gegenteile herrschen mit,
Ballast und Kern bilden ein Ganzes
und lassen sich vorher nicht trennen,
die Schlacken werden akzeptiert
im wilden Ablauf der Funktionen,
jedoch mit Dank in Ungefahr verkippt.

Das Leben, voll von Seelenlava,
wird sicherlich – kommt es zum Ausbruch –
unweigerlich falsch Gut verbrennen,
die Seele explodiert ganz plötzlich
wie ein Vulkan, der unsichtbar
sich als ein Seelentröster gibt.

Es fällt die Hemmung an der Schwelle
des Nichts, Verzweiflung reißt herab die Maske
von des Gleichmuts biederem Gesicht,
die Schleier – zerrissen –, durch die die Wellen
der Wärme – verstärkt – in die Seele kriechen
und sie vor neuer Kälte schützt.

Im Moment schwimmt ruhigen Wassers Glück
im Strom der siedeheißen Kräfte.
Man reize nicht den Neid der Götter,
man halte sie vielmehr zurück,
so hält zurück man auch den Spötter,
der nur in seinem Loche sitzt.

ZWIESPALT DER WAHRHEIT

Unrecht im Recht,
Frohsinn im Elend,
Bauer als Knecht.

Zwiespalt des Handelns:
Unglück im Glück,
Verdruß beim Gewinn,
beim Siege zurück.

Zwiespalt des Lebens:
Stolz beim Verzicht,
Mut bei der Feigheit,
dunkel im Licht.

GEDULD IN DEMUT FROH ZU ÜBEN,

heißt mutig, Schlimmes zu ertragen,

heißt wehrlos steh`n im Strom der Zeit

und schutzlos sich den bösen Kräften

aussetzend, jenen Gott zu lieben,

mit dem man sitzt im selben Wagen.

'S GIBT MENSCHEN

's gibt Menschen, die sich nicht mal rühren,
wenn uns're Welt im Gift erstickt,
sie schließen ihre gold'nen Türen,
derweil die Uhr des Todes tickt.

's gibt Menschen, die die Kinder stören,
die fröhlich sind bei ihrem Spiel,
sie müssen dann Proteste röhren,
bis ihre Wünsche sind am Ziel.

's gibt Menschen, die der Vögel Singen
aufregt, statt sich darob zu freu'n.
Wer von des Lebens schönen Dingen
so wenig hält, bleibt sicherlich allein.

's gibt Menschen, die die Käfer lieben,
den Schmetterling, das Spinnentier.
Hier zeigt sich, wer gerecht geblieben,
fürs Gleichgewicht hat das Gespür.

's gibt Menschen, die sich engagieren
und kämpfen für die heile Welt,
gleich, wenn man sie auf allen Vieren,
selbst für bedrohte Tiere hält.

's gibt Menschen, die vor lauter Sorgen
sich anders nicht zu helfen wissen,
die lieber heute denn erst morgen
mit roher Tat antworten müssen.

's gibt Menschen, die kennen nur ein Glück,
die Karriere zum Erfolg zu führen.
Auf ihrem Weg dahin gibt's kein Zurück,
wenngleich auch Leichen ihn markieren.

's gibt Menschen und den Widerstand,
dies sei für uns ein Hoffnungsstrahl,
wo mit dem Herz sich der Verstand
verbindet, liegt der Wundergral.

SELBST HELLSTER GLANZ

Selbst hellster Glanz verkümmert – ungerecht –
im Angesicht des sturmbedeckten Himmels,
selbst zahme Wasser dehnen selbstbewußt
in kleingeword nen Betten ihre Glieder,
selbst Ursachen von kleinsten Graden
führ`n einen übermäßig großen Troß,
und nur die Bläue unsres Himmels
spürt wie ein Tier Veränd`rung im Entsteh`n.

Selbst wo sich harmlos Natur anbietet
und Wasserstrudel sich geschickt verbergen,
selbst wo im Angesicht des blauen Himmels
die höchst gefährlichen Substanzen
zum Angriff auf die Ordnung blasen,
selbst wo Landschaft, mit den Farben spielend,
nach außen ruhig und beruhigend wirkt,
kann nur die Probe aufs Exempel
der tristen Wahrheit Kern ergründen.

Selbst wo Leben noch intakt
und hoffnungsfroh gedeiht und blüht,
selbst wo Natur die Unberührtheit noch genießt
und sie mit der Posaune großer Freude
der Welt mitteilt, muß man bedenken,
daß sie auch wehrlos ausgeliefert.
Der böse Schein des Selbstbetrugs kann selbst
Gesetze der Natur nicht ungestraft
auf seine schwachen Schultern nehmen.

SEHNSUCHT

Ist's weiter nichts als ein Protest
der unterdrückten Seele,
ein Schrei, der sich durch Türen zwängt,
vibrierend in den Lüften hängt,
aus allzu trock`ner Kehle?

Gefühl zu zeigen, in Wort` zu fassen,
kann manchmal lebenswichtig sein,
im weichen Bett der Apathie
wird man vom Leben fall'n gelassen.

Die Sehsucht liebt's in Varianten,
langatmig oder kurzem Wort,
im seelenvollen Fluß der Rede,
Gefühlsbedarf tief auszukanten.

Proteste schlummern auch nicht ewig,
sie suchen eines Tag`s den Weg
mit explosiver Kraft zum Licht
und sprengen so des Geistes Käfig.

Erkenntnis will der Dunkelheit
sehr schnell und möglichst dauerhaft
entfliehn, wer sich dann selbstbewußt
verkauft, näht sich ein neues Kleid.

Die Sehnsucht leidet voller Pein
bis tief zum Punkt, wo's aus ihr bricht,
mit Mitteln, die ihr dann entsprechen,
kann man sich dann vom Druck befrei'n.

WER MACHT NICHT EINEN TRIP

ganz gern
in lyrische Gefilde?
Auf Schusters Rappen
sieht man mehr
als aus dem Reisewagen.
Ein Werk – gelungen –
oder als Gebilde,
zählt stets
als Kultbeitrag
in uns'ren Tagen.

Wer reist, kann Fehler
meistens
nicht verdecken,
die primitive Form
kommt
an das Tageslicht.
Dann sitzen jene
anderen
gleich zu Gericht,
obwohl bei ihnen
auch der Dreck
klebt an dem Stecken.

Als Kompromiß kann
nur das gute Sprichwort gelten:
Wer leben will,
soll's anderen
auch erlauben.
Wer maßt sich an,
mit Worten
andere zu schelten,
die eisern fest
an ihre
Sache glauben.

GEBREMSTE STÜRME

Gebremste Stürme,
drängende Einsicht,
wankende Türme,
spärliches Licht.

Heitere Sachen
mit ernster Eskorte,
fröhliches Lachen
nicht aus der Retorte.

Arme Bedrängnis
und ängstliche Not,
künstlich Empfängnis
nicht unser Brot.

Liebliche Stunden
freundlich verbracht,
schließen die Wunden
nach nervlicher Schlacht.

Verlorene Liebe
in mondhellen Nächten,
versunkene Triebe,
die sie entrechten.

Stürmische Winde,
Verzweiflung auf See,
wie sag' ich's dem Kinde,
als Hexe? – Als Fee?

GLÄSERNE HÜLLE BAUT RINGS UM DIE SEELE SICH,
Gefilde des Göttlichen sind Wahrheit und Segen,
zarte Gedanken erheben und beleben dich, folgen dir und
begleiten dich auf allen Wegen.

SEI ÖFTER MIT DEM GUTEN TROST,
der nie ein Urteil fällt, bedacht,
daß man den Ruhm sich wohl zur Kost,
doch ihm sich nicht zum Sklaven macht.

DAS DACHBLECH GLÄNZT IM SONNENSCHEIN,
es ist, als blitzte Goldmetall,
doch ist's nur Illusion, auf jeden Fall
lädt es uns zum Bewundern ein.

WER ANFÄNGT, LYRIK ZU ZERREISSEN,

hat von Kultur auch nicht die Spur,
man soll bedächtig sich ihr nähern
und sie besprechen – objektiv –,
lehrsame Kritik sei die Kur,
mit der sie nicht gleich allzu tief
getroffen wird dann von den Spähern.

WER SETZT SICH GERN SCHON IN DIE NESSELN

Wer setzt sich gern schon in die Nesseln,
wenn es die Moosbank gibt?
Und schon gehört von den zwei Sesseln,
weltweit recht unbeliebt?

Wer holt schon gerne die Kastanien
für and're aus dem Feuer?
Wo man sie aus dem schönen Spanien
erhält und nicht zu teuer.

Wer springt schon nach ins kühle Naß,
wenn's einer vorgemacht?
Nur jemand, der sich ohne Maß
dabei was ausgedacht.

Wer läßt sich gern als Prellbock nützen,
bei einem großen Spiel?
Nur der, den guten Nerven schützen
am Weg zu seinem Ziel.

Wer tritt schon gerne in die Falle,
die man für ihn gebaut?
Und läuft nicht über seine Galle,
wenn man die Schau ihm klaut?

Wer läßt sich gern zum Einsatz zwingen
für fremde Interessen?
Und soll dabei ums Leben singen
und mit dem Tod sich messen.

Wenn man die Leute reden hört
hoch oben auf dem Turme,
klingt's edel-schön und es betört
die Leute vor dem Sturme.

Wer darf gewaltlos heut' schon stürmen
für eine Friedenstat?
Freiwillig seine Heimat schirmen
vor einer bösen Tat?

DIE ERNTE

Wenn nach langen Regentagen
endlich mal die Sonne scheint,
wenn der Bauer mit den Klagen
aufhört und zur Bäu`rin meint:
Heute woll'n wir es versuchen,
ernten will ich nun das Feld,
nimmer möchte ich mehr fluchen,
wenn das Wetter bloß nur hält.

Freude breitet sich so langsam
in der Bauernstube aus,
seine Hand legt er behutsam
auf ihre Schulter, und im Haus
regt sich plötzlich frohes Leben,
denn vorbei ist's mit dem Groll.
Laß dich doch von mir mal heben,
denn ich fühle mich so wohl.

Ringsherum, vom Waldesrande
über'n flachen Hügelkamm,
hin zur gegenseit'gen Kante
zieht sich Bläue hin zum Damm.
Nicht ein Wölkchen ist zu sehen,
nur die Morgensonne scheint,
wenn die Winde nur nicht drehen
und das Himmelsaug' nicht weint.

Auch die Bäu`rin wird munter,
sagt sie doch, mein lieber Mann,
nimm jetzt deine Hand herunter,
damit ich endlich helfen kann.
Weit geöffnet wird die Scheuer,
das Sonnenlicht fällt breit herein,
die Wirkung ist ganz ungeheuer,
die Tenne strahlt im Glorienschein.

Die Bäuerin bringt was zu essen,
zum trinken hat sie was dabei,
sie hat auch wirklich nicht vergessen,
daß schnelle Arbeit wichtig sei.
Und wie der Bauer mit dem Mäher
hinaus ins helle Morgenlicht
fährt, schreit im Busch der Eichelhäher,
und fröhlich strahlt sein Rundgesicht.

Der Bauer ist mit sich zufrieden,
mit ihm sein gutes Frauensbild,
man weiß genau, wie sehr verschieden
der Wettergott „sein Spielchen" spielt.
Heut scheint alles gut zu laufen,
das halbe Feld ist schon gemäht,
aus dem Korn werden kleine Haufen
und „Mandln", wie's im Buche steht.

Im Schatten sitzen beide friedlich,
sie stärken sich zur neuen Tat
und blicken auf das Kornfeld lieblich
und denken an die letzte Mahd.
Jeder weiß das Brot zu schätzen,
denn man weiß, woher es kommt,
Bauernarbeit ist kein Schwätzen,
da sie nur dem Nutzen frommt.

Die Sonne streichelt die Natur,
der Wind fängt leise an zu wehen,
das Feld gemäht, und kein Spur
vom Wetterumschwung ist zu sehen.
Der Wagen ist ganz hoch beladen
mit seiner goldeswerten Fracht,
der Bäuerin schmerzen die Waden,
das wird noch eine lustige Nacht.

Das Glück war diesmal an der Reihe,
es hat der Arbeit Lohn gebracht,
ihr Segen ist wie eine Weihe,
auch wenn dabei man fröhlich lacht.
Der Nachmittag geht schon zur Neige,
das Dämmerlicht ist nicht mehr fern,
vom Bauernhof tönt eine Geige,
und so hat es der Bauer gern.

WENN DUNKLE SCHATTEN

Wenn dunkle Schatten noch die Gassen füllen,
der Tag jedoch nicht fern mehr ist,
fängt an mit ihrem schönen Lied die Amsel
hoch oben am Dachfirst eines Hauses,
ihr Daseinsglück kunstvoll zu preisen.

Wenn Schattengeister durch die Landschaft hetzen,
der Schlaf tief in die Augen drückt,
fängt allseits Leben sich zu regen,
und wer in jenen Stunden wachgelegen,
den hat bestimmt der Vogelsang beglückt.

Wenn Träume uns're Seelen quälen,
das inn're Gleichgewicht kommt in Gefahr,
eilt uns der Weckengel zur Hilfe,
bringt uns erleichtert aus dem Schilfe
der Angst und aus den Klau'n des Mahr.

Wenn sich die Schatten von der Erde lösen,
das große Gähnen seinen Anfang nimmt,
das dämmerliche Grau ins Helle wechselt,
hört man die ersten Autos auf der Straße,
doch mich besiegt zum zweiten Mal der Schlaf.

BEDRÄNGT VON EINEM ÄNGSTLICH BANGEN,
will langsam man ans Tageslicht,
hält dich schon hinter einem Schleier
der Zeit ein faires Schiedsgericht
ganz fest in seinen vagen Zangen.

Des Mutes letzte Konsequenz
fehlt meist beim Sprung ins Rampenlicht,
der Angst, die eine Welt bedeutet,
den Zahn zu ziehn, mit dem Verzicht
auf eig'nen Frieden als Sequenz.

Wer kennt als Outsider denn schon
die inn're Spannung und das Ringen
um Überwindung seiner heilen Welt,
um gleichzeitig, vor allen Dingen,
sich nackt zu zeigen auf dem Thron?

WINTERAHNUNG

Es ist kalt geworden, die Natur wie erloschen,
am Himmel zieh`n schwere Wolken vorbei,
die Felder längst kahl, das Getreide gedroschen,
vom Kirchturm herab der Krähen Geschrei.

So gehen wir stetig mit langsamen Schritten,
der Kälte, dem Frost des Winters entgegen,
nur einer, der nie darunter gelitten,
empfindet ihn freudig auf seinen Wegen.

Ich gehe hinaus auf die einsamen Felder,
erfrischt, zu frühlichter Stunde, allein,
noch hüllen die Berge zu zwei Drittel
dichte Nebelbänke im Zwielichte ein.

DAS SPINNENNETZ

Sanft milde streicheln Sonnenstrahlen,
schräg kommend, über`s Spinnennetz.
Die Spinne, reglos, an dem Rande
– zuletzt fraß sie den Mann der Tante –,
kennt keinen Todesschmerz.

Ein Schmetterling mit braunen Streifen
– fürwitzig –, hält für Landebahn
das Netz, das so natürlich schön.
Von Weitem war's noch nicht zu seh`n,
drum flog er es auch an.

Doch als er drinnen, war's zu spät,
er war fraglos gefangen,
die Spinne, einem Blitze gleich,
verbrachte ihn ins Nebelreich
– diesmal war's schief gegangen.

SAPPHISCHE STROPHEN

Liebes Mädchen, hast solch' verweinte Augen,
Gram und Kummer haben dich schwer getroffen,
glaube herzlich nicht nur dem Schmerz dieser Stunde,
laß ihn vorbeizieh`n!

Gute Zeiten haben auch graue Tage,
Wohlsein, Reichtum streiten doch oft im Kreise,
herrschen völlig, gleichwohl die Armut leidet,
sie ist der Grauton!

Schwere Stunden, kommt, bitte, nicht bald wieder,
diese Zeiten haben mir viel verschüttet,
gebt mir Ruhe, noch ist die Seele kränklich,
Frieden, du fehlst mir!

Vieles häuft sich, das muß man hier erwähnen,
turmhoch, angstvoll schauen die Menschen, duldend
wachsendem Elend, freudig and're dem Glück zu,
welch eine Wahrheit!

Glücklos, duldsam, steh`n im Strome die meisten,
wehrlos sind sie, wissender Ahnung, völlig,
Gradsinn stört nur meistens am Weg des Schlauseins,
doch er liebt Frohsinn!

Freudig habt ihr, welch' Art auch immer, offen,
zugvoll-wegwärts, Hoffnung entfacht, verwurzelt.
Glück des Menschen: Wahrheit im Segen des Muts
bringt uns die Antwort!

Anstandsmittel, karg oft bemessen und rar,
dienen vielen Menschen zum Handeln und Schein.
Armut braucht den Schein nicht zu tarnen, widrig
geht nur das Krumme!

Seelennot kann alle in Tiefen reißen,
schwer wird man dann Ursächlichkeit erkennen,
Armut, Reichtum, hier gibt es keine Bindung,
doch sie verbindet!

Willkür, Starrsinn, stehen dem Herz im Wege,
Würfel fallen, fall'n in der Wiege, sind die
Schlüssel dieses Lebens, das oft „vertan" wird.
Geist opfert Seele!

Wem das Wollen wichtig erscheint, der kann dann
zielhaft-zwängend, voll sich erwehrend und nicht
stumm und wehrlos, Schauplatz im Freudenleben,
Lichter drauf lenken!

WAS SOLL MAN DAZU SAGEN

Imaginär ist jener Thron,
auf dem die hohen Herren sitzen
und ihre Arbeit fröhlich tun,
sie brauchen nicht dabei zu schwitzen,
sie sind nach außen abgeschirmt,
und Mißgriffe läßt man auf sich beruh`n.

Als Schutzschild ist sie vorgesehen,
die feige Anonymität,
sie mag vielleicht Verbrecher decken,
doch ruhmbekleckernd wirkt sie nicht,
man kann nicht Heu in Köpfe stecken
und sagen, sie hätten Hirngewicht.

Die Sonne bringt es an den Tag,
dem Blick der Zeit wird nichts entgeh`n,
Engstirnigkeit im kleinen Kreise
kann unter Schmerzen nur gedeih`n,
der sture Trott nach jener Weise,
wird nie mein Lebensrhythmus sein.

Ist es ein Modus, dem sie gehorchen,
freiwillig zwar, wie ich befürcht',
dann ist kein Kraut dage'n zu kriegen,
und kein Protest „mit Hand und Fuß",
kann sie „auf hohem Roß" besiegen.
Gerechtigkeit braucht manchmal einen Kuß.

DER RUHM

Erhält die Ungeduld die Sporen
vom Ehrgeiz, der zum Ruhme strebt,
verliert man Stück um Stück an Boden
realen Sinns, wird kurz geschoren
vom Zwang, der in dem Ghetto lebt.

Ruhm läßt sich nicht schon vorher planen,
zum Glück gibt's dafür kein Rezept,
das Leben geht durch viele Türen,
da kann es sein, daß dich ein Ahnen
befällt und deinen Geist umschwebt.

Der Ehrgeiz hat ganz spitze Sporen,
sie machen jeden Ritt zur Qual,
wenn man als Pferd, das siegen soll, sich sieht.
Verzweiflung gibt's nicht nur für Toren,
der Ruhm jedoch, läßt keine and`re Wahl.

DIE STIMMUNG ZAHLT, WAS SIE UNS SCHULDET,
mit barer Münze – jederzeit –,
manch' gute Tat bringt sie zustande,
doch reaktiv und frei, wie sie nun ist,
kann sie ins trübe Wasser auch geraten.

Sie spielt so variantenreich
auf ihrem Instrument,
erfrischend-schnell und leise zärtlich
– tief innen sitzt der Dirigent –
und bringts auf ihre eig'ne Weise.

Kommt's tief, zieht sie in Moll davon
– ein Weltenuntergang –,
doch wieder auch im hellen Dur,
kommt neues Leben in die Bude,
und lebensfroh tönt dann das Selbstgefühl.

Wie Frühjahrsmorgennebelschwaden,
die sich auflösen,
der Sonne überläßt man die Regie,
und diese scheint, so weit das Auge reicht,
hell in den langen Tag hinein.

Doch wieder auch wie Abendnebel
an einem Herbsttag,
die zäh noch weiter sich verdichten
und blind für nah und fern dem Auge,
den reinen Anspruch auf sein Recht verwehrt.

Die Stimmung zahlt, was sie uns schuldet,
mit barer Münze – jederzeit –,
man nimmt sie, macht das Beste draus,
man schlägt nicht auf die „große Trommel",
man trägt es selber mit sich aus.

WER KÖNNTE, QUASI AUS DEM ÄRMEL RAUS,
auf eine wicht'ge Frage, Antwort geben?
Fallgruben, gut getarnt, gibt's allemal,
doch die bedroh`n mitunter auch dein Leben.
Das Überlegen kostet nur die Zeit,
und sie verschont dich manchesmal vor Leid,
das dir den letzten Rest kann geben.

LEBENSAUFFASSUNG

Moral muß sich zur rechten Zeit
zum großen Schritt entschließen,
sonst wächst sich aus die Ängstlichkeit
zum ungewollten Riesen.

Wenn Angst und Vorsicht ihre Rechte
durchsetzen, wo sie angebracht,
geraten sie nicht auf die Wächte,
die ihren Stand zur Farce macht.

Wenn rigoros man guten Werten
aus uns`res Lebens Konstruktion
entgegenkommt, meidet man Härten,
`s wär` der Courage gerechter Lohn.

NEUE LYRIK

Es scheint ein ungeahntes Feld
von Möglichkeiten sich zu öffnen,
der Zugang ist von allen Seiten möglich,
Tür und Tore laden herzlichst ein,
auch wenn die Wege zu Beginn noch kläglich,
zieht am Horizont ein heller Schein,
hofft mit der Zeit man, daß erträglich
der Gang, das, was man wünscht, auch hält.

Es scheint ein Abenteuerfeld
von neuen Weiten sich zu öffnen,
doch lauern hier in Hinterhalten
Gefahren, auf die man besser achtet,
sonst kann man nicht das Rößlein halten,
das in dem Garten übernachtet,
um tags darauf dann frei zu schalten
und zu gebieten wie ein Held.

Die Ausgewogenheit ist eine Größe,
so fest man's nur erahnen kann,
man kann ihr überall begegnen,
das Leben hat dafür so viele Sparten,
die gute Leistung wird sie segnen,
die Oberflächlichen sind die Genarrten,
auf sie wird's kalt herunterregnen,
um aufzudecken ihre Blöße.

ERWARTUNG

Wann kommt die Flut, die Ebbe währt schon lange,
es hofft sich leicht, wenn man in sich die Kraft
verspürt, wann steh`n Gedanken wieder Schlange,
wann – innerlich – klingt`s an: Geschafft!

Wann endlich, laufen wieder die Motoren,
die Stille ist erdrückend groß,
ein jeder hat etwas von einem Toren,
ein jeder ist nur seines Stammes Sproß!

Wann endlich wird gerecht verfahren,
erhält das Lob, das man mit Recht ersehnt,
Neid ist ein Teufel, der nach langen Jahren,
noch wahrhaft stark, in seinem Recht sich wähnt.

Mit solchen Schwächen ist kein Staat zu machen,
wer sich nicht überwinden kann,
braucht über and're nicht zu lachen,
fährt selbst mit einem lecken Kahn.

Es liegt an jenen, die sich überlegen
und dies die ganzen Jahre fühl`n:
Auch and're haben kluge Kinder,
selbst wenn sie nur mit Worten spiel'n.

LASST UNS DOCH GEH`N

Laßt uns doch geh`n, wenn ad absurdum
Gehässigkeit sich offenbart,
ein chronisch Signum, uns zu treffen,
wenn sie als Karren die Dauer karrt.

Laßt uns doch geh`n, wir haben nicht vor,
den Vorschuß, den sie sich erhofft, zu geben,
die große Szene aufzuzieh`n,
die sie so nötig braucht zum Leben.

Gehässigkeit kann dort nur blüh`n,
wo sie auch Wurzel schlagen kann,
und ist der Boden ihr entzogen,
erschöpft sie sich in ihrem Wahn.

Laßt uns doch geh`n, kommt sie auf Sohlen,
so leis', daß man sie kaum wahrnimmt,
soll sie im leeren Raum versiegen,
wenn letztenend`s die Rechnung stimmt.

DER SCHAUMSCHLÄGER

Schaumschläger macht sehr gerne Wind,
wenn er den Drang zum Wichtigmachen
verspürt, sagt man dazu: Er spinnt
und nimmt so ernst nicht seine Sachen.

Schaumschläger haben kein Gewissen,
sie handeln so, wie es beliebt,
sie können anders nicht, sie müssen,
weil's ihnen wieder Rückgrat gibt.

Schaumschläger nehmen sich stets voll,
es fallen ihnen immer wieder
Gedanken ein – die oft schon toll –
als bunte Seifenblasen nieder.

Schaumschläger sind mir stets zuwider,
sie bild'n sich ein, was sie nicht sind,
dabei sind alle ihre Lieder
bekannt, weil es darin so spinnt.

Schaumschläger können Schaum nur schlagen,
dabei fühl'n sie sich richtig wohl,
wenn sie was im Vertrauen sagen,
dann klingt`s schon fast zu echt, doch hohl.

LOHN DER MÜHE

Ich frag' mich ernsthaft, ist es wert,
um jenen Palmzweig sich zu reißen,
der uns zur Lebenszeit nicht gehört,
vielmehr die reine Freiheit stört,
kann er den Himmel uns verheißen?

Ich frag' mich ernsthaft, ist es wert,
um einen eig'nen Stil zu ringen,
um sich mit ihm am eig'nen Herd
Applaus zu hol'n, der so begehrt,
was soll, wenn man's nicht hört, das Singen?

Ich frag' mich ernsthaft, ist es wert,
sich aus der dünnen Haut zu schälen,
um dann am Ende ungehört
– das hohe Anspruchsrecht verwehrt –
sich von der Bühne wegzustehlen?

Kann man sich denn dagegen wehren,
die Kraft, die so geheimnisvoll
drängt, sie kann man nicht entbehren,
erteilt sie uns nicht laufend Lehren
und sagt nicht, wie das enden soll.

Und sitzt man dann in einem Haus,
– von Glas umgeben, transparent –,
dann wage man nicht einen Strauß,
er schlägt brutal nach hinten aus,
weil das Gesetz kein Mitleid kennt.

Ich frag' dich ernsthaft, ist es wert,
die Freude anderen zu zeigen,
sei gewiß, du wirst kaum erhört,
weil Qualität die ander'n stört
– Falschheit wird dir ein Liedchen geigen.

GERECHTIGKEIT

Ist's nicht im Leben oft wie Wahn,
wenn wahre Größe – liegend auf der Hand –
wird abgemurkst in einem stillen Winkel
und 's kräht danach nicht mal ein Hahn,
ist's nicht, wie wenn sich einer selbst entmannt?

Gerechtigkeit, ein stolzes Wort und anspruchsvoll,
flankiert von undurchsicht'gen Größen,
bietet sie auf dem Weg nicht oft
das, was sie eigentlich nicht soll
den Widerständen ihre Blößen?

Woll'n wir uns nicht der läst'gen Zweifel
entledigen, wie von dem Staub,
der überall im Hause liegt?
Wo es doch gilt, der Ehrlichkeit zu dienen,
oft anheimgefallen dem Raub.

Gibt es Gerechtigkeit im grünen Leben,
für die Natur, auf weite Sicht,
nicht aber für die Menschen?
Woll'n sie sich über Gott erheben,
helfen Reue und Gebete nicht.

Woll'n wir nicht endlich Hand anlegen,
– gleichwohl man in die Pfützen tritt –,
die weltweit stets so unbeliebt –,
ans Werk, das manches Opfer fordert,
auf einem Holperweg, nach langem Ritt?

Gerechtigkeit, du Dauerkämpferin,
schwer ist dein Stand im Heiligenschein der Welt,
der Welt von komplizierten Interessen.
Nach außen nur Plebejerin,
doch innerlich auf Adel abgestellt.

MAN NEHME SPRICHWÖRTLICH DEN SPRUCH:

Was du bist, bist nur selbst durch dich
und keiner kann daran je rütteln.
Dies steht am Ende einst im Buch
des Lebens: Geprägt von saub`ren Mitteln.

DER LIEBE

Von ihr strahlt Kraft,
die magischste von allen,
nach allen Seiten aus.
Sie füllt die Welt,
ihr zu gefallen,
beschenkt das kleinste Haus.

Sie dringt in Seelen,
rastlos und zu jeder Zeit,
um helfend beizustehen.
Sie bleibt zur Nacht,
trägt bei weltweit
zu menschlichem Verstehen.

Sie stärkt die Herzen,
wappnet sie vor Nöten,
die lauernd vor dem Tor.
Sie drängt das Licht,
selbst im Erröten,
aus ihrem stillen Winkel vor.

Ankerplatz vorm Wind,
an deiner Reede liegt das Boot,
aus einem Holz gebaut,
aus dessen Fasern Glück
und selbst der liebe Gott
aus seinem Werke schaut.

EIN LUFTSCHLOSS HÄNGT AN STARKEN FÄDEN

der nimmermüden Phantasie.
Solange sie noch Kraft besitzt
und ihrerseits die Lüfte ritzt,
verläßt es seinen Standort nie.

Ein guter Trost kann Seelen stärken,
die für sich sehr empfindsam sind.
Solang sie sich an diesen stützen,
wird' s wechselseitig beiden nützen,
denn beide brauchen guten Wind.

Die Phantasie braucht starke Eltern,
Erwachsensein reicht noch nicht aus,
Kulturgeist in gebob'nen Formen,
will ernstlich Luftschloßwerte formen,
ein paradiesisch–schönes Haus.

Gott sei's gedankt, daß keine Leiter
hinab ins Ungewisse geht,
vom Luftschloß kann man vielfach erben,
es läßt die Hoffnung nicht verderben,
wenn es um Sein und Nichtsein geht.

WENN ICH KÄMPFE,
kämpf' ich nur für dich.
Wenn ich aufhöre,
tu ich's nur für mich.

Wenn ich rede,
red' ich nur für mich.
Wenn ich nach Frieden strebe,
tu ich's nur für dich.

Wenn ich fliehe,
flieh' ich nur vor mir.
Wenn ich vor mir fliehe,
such' Schutz ich bei dir.

Daß ich lebe,
verdank' ich nur dir.
Mein Glück, meine Freude,
liegen nah bei dir.

Oh Gott, was ist mit uns'rer Welt,
daß sie im falschen Trott,
laß sie vielmehr an Liebe denken,
sich halten ans Gebot.

GEFÜHLE

Sind die Gefühle nicht wie Wässer,
die durch die Landschaft fließen,
hastig vorbei, von Wald und Feld
gesäumt, sich in das Meer ergießen?

Sind sie, solange man sie läßt,
freiwillig, nicht wie Vagabunden,
die sich, vom Fernweh gepackt, nicht scheu'n,
das Neuland sehnlichst zu erkunden?

Sind die Gefühle nicht wie Boten,
die sich mit schnellem Flügelschlag,
der Zeit entledigend, das Neue
zu fassen suchen am gleichen Tag?

Gefühle sind wie Wärmeleiter,
sie zeigen an den Wärmegrad,
dem unterschiedlich maßgerecht,
sich Stimmung gibt und dann so weiter.

Gefühle fühlen sich als Gäste,
beanspruchen daher kein Recht,
das sie mit aller Macht durchsetzen,
sie hoffen vielmehr auf das Beste.

SOVIEL GEBALLTER SCHICKSALSDRUCK
auf eine kleine Fläche,
die Mensch heißt – fast erdrückend viel –,
erstarrt in ohnmächtiger Schwäche,
in einer Art von Stegreifspiel.

Was scheint, als dominanter Faktor,
sich quer, weit über'n Horizont
bis hin zum Ende uns'rer Tage
zu ziehn als unsichtbare Front,
ist die veränderliche Lage.

Je ruhiger und unbeschwert
– vom unnatürlichen Verlauf
verschont – sich Daten – die vakant –
einstell`n, gibt`s keinen Ausverkauf
mit Billigpreisen und bekannt.

TRAUMLAND 1

Der Menschen Traumland ist die Liebe,
die tief in uns verborgen liegt,
mit ihrem reinen hellen Lichte,
das Land herum erstrahlen läßt,
gibt sie mit offenem Gesichte
– weithin sichtbar – ein Freudenfest.

Der Menschen größtes Glück ist Weisheit,
gebettet in Bescheidenheit
und von dem Weitblick sanft beraten.
Mein Traumland ist's, dem ich anhäng',
in ihm gedeihen gute Saaten
– ein unbezahlbares Geschenk –.

Der Menschen höchste Sehnsucht ist,
das Frieden auf den Halmen blühe,
ein zarter Windhauch drüber streiche,
als Bote neuen Lebensmutes,
daß uns der Hoffnung Traum erreiche,
als etwas außerordentlich Gutes.

TRAUMLAND 2

Mit Hast kann man nicht viel erreichen,
mit Panik sich um den Erfolg
und ehrenwerte Dinge bringen.
Soll das Ersehnte voll gelingen,
dann setze man auf ruhige Zeichen.

Mein Traumland liegt gleich um die Ecke
und ist bestimmt ein schönes Land,
doch ungleich schwer, es zu erreichen,
denn seine untrüglichen Zeichen
sind Maß, Zufriedenheit und Verstand.

Mein Traumland liegt wohl nirgendwo,
doch überall kann man es finden,
doch wer es sucht, muß seine Maße kennen,
dann kann ihn nichts vom Zielpfad trennen,
läßt ihn sein Glück auf ihm begründen.

DIE TRÄNEN SIND SCHON LÄNGST GEWEINT

und in der Traurigkeit versiegt,
ist nicht für immer fort der Freund
auf schwarzem Roß, das aufgezäumt,
der in das Namenlose fliegt?

Schweigen steht im Tor der Trauer,
klagt wortlos Unfaßbares an,
ist sie denn taub, die Echomauer,
durchdringt sie nicht ein Schmerzensschauer,
zeigt nicht, daß sie es deuten kann?

Wenn sich ein Licht im Herz entzündet,
das in dem Dienst der Liebe steht
und sich mit jenem Geist verbindet,
der in sich Friedenswillen findet
und hoffnungsfroh den Frieden sät.

Drängt nicht die große Freude wieder
sich aus versiegt geglaubtem Quell'
hervor und sprengt die engen Mieder,
stärkt unwahrscheinlich flaue Glieder
und malt ein lichtes Aquarell?

Wir woll'n in dieser Freude hoffen,
daß sich die Welt das Bess're wählt
und lassen ihren Freunden offen,
den Platz auf einem wahrhaft schroffen,
vom Sturm zerzausten Körnerfeld.

SCHÖNER NAMEN TRÄGER SEIN

Schöner Namen Träger sein,
ist meistens schon die halbe Miete,
beim Gegenteil zieht Ehrlichkeit
schon ab und zu mal eine Niete.

Mit Worten Eindruck schinden, glückt,
weil Eitelkeit mit off'nem Ohr
– Naivität in Unschuldsmiene –
der Dummheit öffnet Tür und Tor.

Wer ein Gefühl von Sicherheit
mit leerem Wort vermitteln kann,
ist ganz gewiß ein heller Kopf,
doch hat er 'was vom Scharlatan.

Die Phantasie malt Sonnenschein,
der Wunsch denkt an die gute Tat,
der Biedermann glaubt gern ans Omen,
der Pessimist an leere Saat.

So darf ein jeder für sich leben
und kriegt, was er dafür verdient.
Ob Schein, ob Wahrheit – nicht so wichtig –,
die Hauptsache, wenn er gewinnt.

EIN LOBLIED

Im Hinblick auf die guten Taten,
die vornehmen Charakter verraten,
will ich darauf nur kurz verweisen,
der neue Aufbau wird sie preisen.

Denn wer mit soviel Energie
das Gute will, der wird auch nie
entgleisen und die Zweifel wecken
bei Leuten, die vor nichts erschrecken.

Drum sei gelobt, daß keiner Schwächen
Waffe kann das Werk zerbrechen,
das ihr zum Schild der Lauterkeit
erhoben habt für alle Zeit.

DIE ZEIT TRÄGT, INHALTSSCHWER,
SO MANCHE FÜLLUNG,

sei's Stunde, Tag, sei's Woche, Monat oder Jahr,
dem Reifepunkt der Stunde X entgegen.
Ist dieses – schöpferisch geseh'n – nicht wunderbar?

So manche Sehnsucht, Wunsch, geht in Erfüllung,
des Augenblickes Deut, um Weniges verrückt,
verändert schon Struktur und Aufbau des Erhab'nen,
was schlimmer noch, Geburt, die niemand mehr entzückt.

Wer kennt schon Werte, die des Lebens Stil verändern,
des Umstands feines Spiel, den Punkt, wo's formend wirkt?
Wer weiß das Mittel, kennt die Form, die negativ
des Lebenslaufes Wohl am Anfang schon verwirkt?

Die ferne Zukunft läßt so manches echt erhoffen,
die Gegenwart gibt dazu wirklich guten Grund,
die Kraft, der Geist im Überfluß, läßt hoffen,
sieh da, auch noch den allerärmsten Hund.

Und denken oft, die Süchte wären leicht zu fassen,
der Wille wär's, der hier ein Machtwort spricht,
doch leider muß man gründlich Federn lassen,
ein Zufall? – Ein Unglück stets aus jeder Sicht.

Kann nicht umhin, mich auf das Wenig zu beschränken,
das Viel ist meist im Anspruch angemessen,
doch reicht's zum Wohle nicht, kann nichts verschenken,
was uns erfreute, kann man hier vergessen.

Das Auge oft, auf manches Ziel gerichtet,
erkennt meist nicht, das es zuviel verlangt.
Laß du als Maßstab deines Strebens Weite,
den Horizont – dafür sei Gott gedankt –.

SEELENVOLLE STIMME SAGEN,

Seelenheil seit ewigen Tagen
sei uns'res Glückes Fundament.
Sorgenloser darf man wagen,
verscheucht der Sorgen stetes Klagen,
wer uns'rer Ruhe Stärke kennt.

Argen Stunden, bösen Tagen
stellt man verzweifelt schwere Fragen,
ist's nicht der zeitenlose Trend?
Der Mensch kann noch so klagend fragen,
man wird es nicht zu sagen wagen,
was wohl der Grund, der schmerzlich brennt.

Der Mensch kann es fast nicht ertragen,
das ungewisse Unbehagen,
das nur der Weltenlenker kennt.
Er hilft uns Schweres zu ertragen,
das Schwerste muß man selber tragen,
das Los, das nur sich selber kennt.

Wenn Sorgen, Elend hoch aufragen,
Gefahren, Angriffe vortragen,
den Menschen an den Abgrund drängt,
wenn Gift, Vernichtung in dem Wagen
sitzt, muß klaglos es ertragen,
gleichwohl er an dem Wohlstand hängt.

Gefahren, die sich hoch aufrichten
und unser Leben mit Gewichten
beschweren, bremsen uns're Lebenslust.
Ist nicht nur Wille hier vorhanden,
auch gleichermaßen Friedensgeist,
dann macht's Segen, macht selbstbewußt.

Die Jahre des Lebens gleiten dahin,
wie ein Boot durch des Wassers Wellen,
über kurz oder lang wird's zerschellen,
das ist des Daseins Sinn.

Es zählen die glücklichen Stunden
viel mehr als die Jahre der Pein,
ihnen fühl' ich mich verbunden,
sie bringen den Sonnenschein.

ES IST NICHT LEICHT, DAS EINFACHE

ins maßgerechte Kleid zu stecken,
ein Konterfei von ihm zu malen
und sich mit ihm in jedem Punkt zu decken.

Es ist nicht leicht, sich auszudrücken,
so, wie man's innerlich verspürt,
Manschettengeist von sich zu stoßen,
der manchen schon bisher verführt.

Es ist nicht leicht, das Wort zu finden,
das Schal'n des Widerstands aufbricht,
des Widersinns, der Tiefe Mängel,
doch wenn, bringt's uns das hellste Licht.

Es ist so schwer, sich zu beherrschen,
wenn angespannt die Nerven sind,
um seinerseits beruhigend zu wirken,
bis abgeflaut der Reize Wind.

TRAUMLAND 4

Wenn jemand kommt und fragt,
wie sieht dein Traumland aus,
so kann ich nicht gleich Antwort geben,
aus jeder Ecke kommen Sorgen,
was ich gern möcht', ist friedlich leben.

Wenn jemand kommt und fragt,
wie sieht dein Traumland aus,
da kann ich schnell drauf Antwort geben,
mein Land besteht rundum aus Glück,
aus Harmonie und schönem Leben.

Wenn jemand kommt und fragt,
wie sieht dein Traumland aus,
sag' offen ich, gebt uns zurück
die unersetzbar-schönen Werte
des unverdorb`nen Landes Glück.

HEITER EMPFAND ICH DEN TAG

Heiter empfand ich den sonnigen Tag,
der unverdorben sich mit der Natur
mir anbot, und Windstille lag
auf der farbenfroh geschmückten Flur.

Felder, verstreut, in weiter Runde,
umgeben von Wäldern im lichten Kranz,
die Sonne stand hoch in der Stunde,
bereit zu einem heißen Tanz.

Und mitten zwischen Wald und Wiese
zog sich ein manneshoher Hang,
auf dem der Dost, stark wie ein Riese,
in Blütenpracht das Lenzlied sang.

Von Weitem, mit der Hand zu greifen,
nicht nur ein Tupfer zwischen gelb und grün,
einen breiten lila Streifen,
sah ich auf hundert Meter blüh`n.

Hauchzarte Blütendüfteschleier
in einem unsichtbaren Reigen
erhoben froh sich in die Lüfte
wie Melodien, gespielt von Geigen.

Dies Schauspiel ist mir stets gewärtig,
auch heute noch, wenn ich dran denk,
doch gibt es Menschen – widerwärtig –,
die blind für dies Naturgeschenk.

Nicht satt daran konnt' ich mich sehen
an dem lebendigen Farbenspiel,
das Paradies selbst hatte hier ein Lehen,
und dieses zeigte höchsten Anspruchsstil.

Tausende von Tagpfaunaugen
bewegten sich voll Eleganz
anmutig in dem Düftemeer
in einem lebensfrohen Tanz.

Zwei Jahre waren so vergangen,
als wieder ich in diese Gegend kam,
ich fühlte mich wie in zwei Zangen
geklemmt, hinzu kam noch die Scham.

Der Hang, den ich ins Herz geschlossen,
war weg, rasiert vom Bauer, dem das Land
gehörte, zu einem Stück erschlossen,
– ein Frevel, der seinen Diener fand.

WENN MÄCHTIGE MIT ALLEN MITTELN
des Wahns Spielzeug Achtung bezeugen,
muß man ihr unheilvolles Treiben
vor aller Welt nicht laut anzeigen,
mit Gewissenlosigkeit betiteln
und es ihr in die Nase reiben?

Muß sich die Menschheit, milliardenstark,
der Handvoll jener Gruppen beugen,
kann sie sich noch dagegen wehren
und zuseh`n, wie die ander'n schweigen?
Trifft nicht ihr Spiel den einzelnen ins Mark?
Hat sie noch Mumm, aufzubegehren?

Wer Frieden will, soll nicht mehr rüsten,
als es das Gleichgewicht erlaubt,
es geht unweigerlich verloren.
Vorbei, 's bleibt bei den Machtgelüsten,
doch wer vielleicht was and'res glaubt,
hat selbst erhalten schon die Sporen.

Wer Frieden will, muß Tauben züchten,
muß wirklich echten Frieden woll'n,
das heißt, er muß das Kraftspiel lassen,
muß waffenfreies Spielzeug hol'n.
Um Bittgebete zu verrichten,
darf man das Ziel nicht aus den Augen lassen.

Wer Frieden will, darf nicht mehr rüsten,
sonst ist wohl alles schon verlor'n,
das Wort vom alten Rom ist überholt,
damit kann man sich nicht mehr brüsten,
gefährlich, wenn's zum Spruche auserkor'n
und seinem Kernsinn Glauben wird gezollt.

Haben denn die alten Römersprüche
ihr Reich von Kriegsgefahr verschont?
Haben nicht vielmehr die vielen Kriege
des weisen Spruches Gegenteil betont?
Für mich steht fest, der Spruch ging in die Brüche,
drum fort mit dieser unheilvollen Lüge.

ES DRÄNGT DIE REIMLOS-UNGEBUND'NE ZEILE
mit Macht und Unbefangenheit
furchtlos ins Prosa-Milieu.
Was ist der Grund wohl, daß die Langeweile
sich so ausbreitet – oh weh!

Die Scheu, im alten Stil sich abzuwetzen,
dem Anspruch seines Selbstgefühls zu schaden,
die Angst, als Epigon zu gelten,
läßt man den Geist durch öde Landschaft hetzen,
ein Laufversuch durch strenge Welten.

Weshalb, so frag ich, muß man das Neue,
wo doch das alte einen schlägt in Bann,
anstreben, wenn mit and'ren Worten
im neuen Kleid und ohne tiefe Reue
ein schöner Vers gebildet werden kann.

Die freie Form, reimlos und ungebunden,
doch nicht nur eine Zeile wie ein Spruch,
halt' ich durchaus der Lyrik würdig.
Vermessen, überheblich da zu denken,
es haftete daran genialer 'Ruch.

Man muß vielmehr experimentieren,
doch kritisch sein, so gut man kann,
und stets vergleichend neue Wege suchen,
Zufriedenheit nur dann bekunden,
wenn Originalität dich schlägt in Bann.

GOLDENER MAI'NBLICK,
DICH GRÜSSEN WIR MENSCHEN
MIT FREUDIGEN HERZEN,
nimmermehr möcht' ich ertragen noch einmal
die quälenden Schmerzen,
habe ich Augen im Kopf, möchte ich deinen Anblick
nicht missen,
bin ich nur ein wehrloser Tropf, lasse ich es
mir niemals vermiesen.

Vieles, was einst ich erfahren, erkannt mit
bescheid`nem Vergnügen,
was mir gelungen, ließ ich in der Fremde – der
Hoffnung voll – liegen.
Erhabenheit, spürbarer Geist in der Stube
bei glückvoller Arbeit,
geistrege Zeichen, ihr seid mir – willkommen –
stets richtig erschienen.

Quellbäche, rein, ungehemmtester Strömung,
ihr habt mir ganz plötzlich
Freude und höhere Stimmung in reichlichem
Maße gespendet.
Glaubt fest daran, denn der Mensch so in seinen
gesündesten Jahren,
daß sich sein Leben in Bahnen, geordneten Zugs
sich vollzieht?

Muß er vielleicht heit`rem Blitz gleich im Zustand
des Glückes erfahren,
daß sich sein Los nun geändert und Schlimmes mit ihm
jetzt geschieht?
Oh, wie die Trauer, ihr Haupt neigend, bitterem Elend
zuspricht,
ist denn das Gleichgewicht nicht durch den Zufall
ernsthaft gefährdet?

Verliere Trost nicht im Dunkel der Nächte, dein
gutes Gesicht,
wenn sich die Seele im Ansturm der Pein wie toll
dann gebärdet
und aus den Augen nicht, das in die Ferne sich flüchtende
Licht,
damit ihr im Meer der Verzweiflung nicht hoffnungslos
treibend verderbet.

IST DAS GESETZ NICHT GLEICH FÜR ALLE
und auch das Recht? – Doch weit gefehlt,
wer wahres Recht besitzen will,
muß kämpfen in der großen Halle
in einem Komödiantenspiel.

Und nur die Einflußreichsten sichern
sich durch Beziehung den Gewinn,
der meist auf recht fragwürd'ge Weise
erzielt und, von lautlosem Kichern
gesäumt, sich naht nach langer Reise.

Wer lebt und leben läßt, wird immer
– und dieses ist ein weiser Spruch –
die kleinste Reibung mit dem Nachbar haben.
Wer Nachsicht übt, gibt einen Schimmer
von Glück, daran ein jeder sich kann laben.

TRAUMLAND 3

Im Traumland kann man all das haben,
was einen rundherum beglückt
und fröhlich stimmt, zufrieden macht,
ihm nichts entzieht, was ihn erfreut,
ihn in den Schlaf der Träume wiegt.

Mein Traumland ist wohl die Region,
in der sich Seele, Herz und Geist
zu jener Harmonie verbinden,
die, so vereint mit Glück und Frieden,
sich als die große Fahrt erweist.

Im Traumland darfst du sorglos leben,
so sorgenfrei, wie du 's nicht kennst,
du fühlst dich zu ihm hingezogen
und schwärmst von seiner Harmonie,
obwohl du seinen Namen nicht kennst.

MUSS MAN SICH HINTER GLAS VERSTECKEN,
wenn man sich nicht zerbrechlich fühlt,
und vor dem Wahn des Mobs erschrecken,
der auf die Menschenwürde zielt?

Soll alles das sich wiederholen,
was in der Scham sich abgespielt,
als sitzend man auf heißen Sohlen,
halb tot, noch auf den Sieg geschielt?

Kann man nicht endlich daraus lernen,
mit klarem Kopf das Richt'ge tun,
und nicht aus Trägheit sich entfernen,
um auf den Lorbeer'n sich auszuruh`n?

Man muß den rohen Mob erkennen,
der auf den Straßen sich bewegt,
mit Stumpf und Stiel muß man ausbrennen,
was da an uns'rer Ordnung sägt.

Soll Rohheit die Kultur ersetzen,
Unwissenheit sich an die Spitze setzen,
soll Größenwahn den Taktstock schwingen,
der Haß die erste Stimme singen?

Beugt vor, solang' es an der Zeit,
denn ist sie erst mal überschritten,
wird' s unruhig in eurer Mitten,
vorbei mit eurer Seligkeit.

HERRLICHKEIT DURCH HINTERTÜREN

hat einen faden Beigeschmack,
zahlt man geheime Frontgebühren,
steckt man sich selber in den Sack.

Offen reden, ehrlich handeln,
ist des Verhaltens beste Tat.
Wer grundsatzuntreu, wird verwandeln,
was er noch kurz zuvor vertrat.

Gesellschaft hat in hiesigen Breiten
den Bogen schon weit überspannt,
sie läßt sich auf dem Wege leiten,
den sie als richtigen erkannt.

Das heißt doch, hat man keine Sorgen,
dann ist das Heute wie das Morgen,
was gestern galt, wird aberkannt,
der Öffentlichkeit bleibt es verborgen.

Der Arme möcht' dem Ärmsten helfen,
doch fehlen ihm dafür die Mittel,
kommt er zu Reichtum, wird er träge,
fällt und wird zum eignen Büttel.

Gefahrlos sein, gefahrlos werden,
das ist des Zieles Position.
Wer drauf setzt, kann einst ruhig sterben,
kriegt zeitlebens schon guten Lohn.

Gesellschaft hat auch gute Seiten,
drum muß man es noch anders seh`n:
Befriedigtes Ego kann Wege geh`n
und es zum Edelmut verleiten.

WIE ZITTERND SICH DIE GRÄSER NEIGEN

im Wind des morgenfrischen Tags,
wie strebend hoch sich in den Himmel
die Lerche schraubt in selt`ner Anmut.

Die blauen Glocken in der Wiese,
sie scheinen übermütig, selbst die Schatten
mit einem Klanghauch froher Stimmung
aus einer and'ren Welt zu überzieh`n.

Wie doch der Enzian im Festtagsblau,
als schöner Farbklecks der Natur,
dem staunend Auge sich darbietet,
ein Zauber, den das Glück uns spendet.

Wie sorgenfrei und fröhlich sich
die Hummel, wie ein Akrobat,
dem Honigduft der gelben Blumen
verfallen, brummend drüber schwingt.

Ist denn nicht stille Andacht nötig
im Angesichte dieses Wunders,
wie in dem Dom, in dem die Stille
wohltuend unser Herz mit Freude füllt.

MAN STÖSST BEIM DENKEN OFT INS LEERE,

wenn man so mitten in der Nacht
nicht schlafen kann, Schuld ist die Schwere
der Last, die man nicht tragen kann,
der Sorgen, die dich niederdrücken,
sie stehen da in voller Tracht:
Die Herr'n vor ihren Dienern, Bücken
ist die Devise, unterm Bann
zu sein, heißt, sich in dieses Los zu schicken.

Die Schemen unbewält'ger Dinge,
sie dehnen sich wie Nebel aus,
umschließen dich wie eine Schlinge
– unsichtbar –, drücken sie in Weichen
der Seele, sitzen auf den Nerven,
bewegen Türen, Tor und Haus.
Wo Unruhgeister Messer schärfen,
steht Sorgenangst auf Sturmes Zeichen,
läßt keinen Zentimeter aus.

Doch tags beginnt sich dann zu lichten,
was nachts so undurchdringlich war,
des Denkens Klarheit, von Gewichten
befreit, zeigt dir den einz'gen richt'gen Pfad.
Die tiefe Einsicht in das Morgen,
bringt sich als Tagesgabe dar,
sie ist das Mittel gegen Sorgen,
das nicht nur Balsamwirkung hat,
das auch Konflikte kann entsorgen.

IM BOOT DER LETZTEN LIEBE

Im Boot der letzten Liebe hält
ihr Herz ganz fest das Steuerrad,
fährt mit durch jenes geist'ge Meer,
dem singend uns're Seligkeit
für immer sich verschrieben hat.

Im Boot der letzten Reise sitzt
die Angst mit auf den blanken Bohlen,
sie kriecht in sich und wird ganz klein,
sie schrumpft zu einem Nichts zusammen
und blickt – in sich gekehrt – verstohlen.

Im Boot der letzten Feier liegt
dahingestreckt in großer Stille
die Traurigkeit, die würdevoll
dem nah'n Ziel entgegensieht:
Es ist des Allerhöchsten Wille.

OHNMACHT, DU GOTT

Ohnmacht, du Gott der Unzulänglichkeit!
Wie viele gibt's von deiner Art? – Unseligkeit!
Grüßt du die Trauer, lächelnden Gesichts,
herab aus unsichtbaren Höhen,
verwandelst Hoffnung, Freude in ein Nichts,
gebierst Gedanken, hindurch die Moder wehen.

Wo stehst du Macht, die sich entgegenstemmt,
wo bist du Kraft, die böse Strömung hemmt,
wo bist du Geist, der Ideale schenkt,
wo seid ihr Mittel, die das Gute stützen,
wo bist du Gott, der Aktionen lenkt,
die uns'rem hohen Streben nützen?

Es sind Naturgesetze tätig,
sie wirken schiebend, hemmend, stetig.
Ist es nicht Gott, dem Gutes man nachsagt,
der oft aus heit'rem Himmel plötzlich
sein Veto spricht und nein zu Allem sagt?
In Wirklichkeit nicht sehr ergötzlich.

Was der Mensch erachtet, was er für nötig hält,
was wichtig er ansieht und was ins Wasser fällt,
zählt nicht für Kräfte, drohend, mit Termin und Ort,
die Welt in Schreckensangst zu setzen
und dies schon ewig lang und immer weiter fort.
So sehr darf sich die Menschheit nicht verschätzen.

Gefühl für die Lage, die klare Tat verlangt,
seines Werts nicht sicher, zu seinem Ziel gelangt,
wird nicht mit dem Gehalt gewogen
und nicht sehr oft mit warmer Hand gedankt,
vom Umstandszufall auch betrogen,
am Ende es, als Traum-und-Wunschbild rankt.

Ist's unser Gott, den gläubig wir verehren,
mit dem wir im Gebete lang und oft verkehren,
ist's nicht der Mensch, im Auftrag überheblich
– das Gute und das Böse überschätzt –,
sucht er die rechten Maße dann vergeblich,
denn Ehrgeiz, Stolz hat man dabei verletzt!

Glaubst der Verzweiflung zu unterliegen,
im inner'n Kampfe dann nicht mehr zu siegen,
hält ER zum Schutz die Hände hin und spricht
in einer Sprache, die dein Herz berührt:
Du bist mein Kind, die Seele ist dein Licht,
daß dich zum Ziel der einz'gen Wahrheit führt!

Dem einen ist's recht, was and're bös erachten,
und umgekehrt, wer möchte gerne Pläne schlachten,
in ihrem Bild noch hoffnungsfroh und rein,
möcht' sein Ziel doch gern erreichen.
Kann das ein Zeichen auf die Zukunft sein?
Das Recht ist ewig, kann's nicht erschleichen.

Wenn Zweifel wie Fanale gegen den Himmel steigen,
kann's sein, daß Glück und Gunst sich ächzend beugen
und eig`ner Wille wird wie Rohr im Wind.
Wenn Unklarheit des Wunsches sichtbar wird
und über Recht das Übergewicht gewinnt,
wirkt dieses Wollen dann nur noch geziert.

Weil sie so eng und menschlich-eigen sind,
weil Gottes Hauch empfunden wird als Wind,
wird stets das Nein vom Mensch ungern gehört,
dem Ja wird immer noch der Hof gemacht,
wer auf „sein" Recht verbohrt und darauf schwört,
wird meistens überhört und ausgelacht.

Stünd' nicht vielleicht die Ohnmacht Dir ins Haus,
wär' nicht das Spiel, das gut begann, schon aus,
hätt' Dein Gefühl Dich letztlich nicht betrogen
und Deine Wünsche auf ein Minimum gebracht,
hätt'st Du großspurig dann Bilanz gezogen
und andere Interessen angelacht.

Bescheidenheit und Ehrlichkeit sind Normen
für jedermann, man darf sie nicht umformen,
die Lebensbasis sollte ehrlich sein
und den Erfolg nicht vorher herrisch fordern.
Was könnte dann noch schlimmer sein als Schein?
Die falschen Kräfte zu beordern!

WINTERERWARTUNG

Alles rüstet zum jährlichen Schlafe,
die Natur zieht sich geordnet zurück,
die Wiesen dulden die letzten Schafe,
in die Häuser kehrt ein besinnliches Glück.

Die Bäume, garstig zerzaust von den Winden
– die Blätter, gelb und grau, fall'n herab –,
stehn traurig da, was sie empfinden,
ist fern vom Leben und nahe dem Grab.

Abschied zu nehmen vom grünen Leben,
fällt nicht so schwer, weil's Tradition,
sie überbrücken launische Gräben,
lächeln herab von ihrem Thron.

GERECHTIGKEIT

Gerechtigkeit, ein stolzes Wort und anspruchsvoll,
flankiert von undurchsicht'gen Größen,
bietet sie auf dem Weg nicht oft,
das, was sie eigentlich nicht soll,
den Widerständen ihre Blößen?

Gerechtigkeit im ewig – grünen Leben,
hängst du nicht ab vom ewigen Gesetz,
bis sich der Mensch ihm widersetzt,
anfängt sein eig'nes Haus zu weben,
ein Haus, nichts weiter als ein löchrig Netz.

Ist's nicht im Leben oft wie Wahn,
wenn wahre Größe – liegend auf der Hand –
wird abgemurkst in einem stillen Winkel
und 's kräht danach nicht mal ein Hahn,
ist's nicht, wie wenn sich einer selbst entmannt.

Gerechtigkeit, du Dauerkämpferin,
schwer ist dein Stand im Heil'genschein der Welt,
der Welt von komplizierten Interessen,
nach außen nur Plebejerin,
doch innerlich auf höchsten Adel abgestellt.

DER MORGEN

Der Morgentau liegt auf verträumten Fluren,
die Morgenröte schwelt auf Bergesrücken,
im Feldweg zeugen tiefe Räderspuren
von schwerer Last, die in die Landschaft drücken.

Der neue Tag quält sich, von Weh`n begleitet,
ans Licht des Tags, einmalig im Entstehen,
den Glanz der Ewigkeit weit ausgebreitet
als Krönungsmantel, beim Kommen und beim Gehen.

Ich sitze da, erlebe froh das Wunder,
und spüre kaum die kühle Morgenstunde,
der Tag wird heller und auch stetig runder,
das Leben, das er bringt: Sein bester Kunde!

AUCH SEELEN DÜRFEN SICH MITTEILEN,
mit Anmut und mit Einfachheit,
sie sind mit ihrem Charme bereit,
das Ruhelose zu befrieden,
damit die Harmonie hernieden
den Takt bestimmt für lange Zeit.

Auch Seelen können trunken sein
vom Wein, den uns der Geist serviert,
ist man an ihn erst angeschirrt,
fährt man auf seinen scharfen Kufen,
wird man vergeblich Einhalt rufen
und fragen, wohin die Reise führt.

Auch Seelen müssen mal ausruh`n
vom Streß, den das Gesetz diktiert,
fühlt man sich arg schon infiltriert
vom Muß und Soll, kann man nur hoffen,
daß man davon nicht sehr betroffen
und nicht den Überblick verliert.

GEDANKENLOSIGKEIT VON LANGER DAUER

hat sich im Sand der fahlen Spur verlaufen,
der Dummheit Schwester kann sich gut verkaufen
am Markt der kleinen Händler, auf der Lauer
liegen schon der Meute schärfsten Hunde:
Die List, die Habgier mit gespitzten Ohren,
von der Natur zur Unmoral erkoren,
steht das Gemeine mit im Munde.

Ideen können auch die Dümmsten haben,
es kommt nur auf den inner'n Stell`wert an.
Die Sonne wärmt wohl auch den kleinen Mann,
er fühlt sich gut durch ihre reichen Gaben.
Im Land der Eintracht kann man sich erlauben
und auch dabei ein wahres Glück verspüren,
sein ganzes Ich spazierenführen.
Wo Schlechtheit fremd, kann man nicht rauben.

Doch wer im tiefen Wasser sich befindet,
das in des Windes Rhythmus sich bewegt
und Tal und Berge bildet, der schwimmt erregt
mit allen Sinnen, Ängste überwindet.
Wenn wilde Wogen, des Lebens ruhige Fahrt
bedrängend, zum Angriff sich anschicken
und wie zur Probe deine Sinne zwicken,
ob sie noch wehrhaft oder schon erstarrt?

Kann man Gedankenlosigkeit sich gönnen,
wenn weder ein Funken Bereitschaft wacht,
dem Feind zu wehren, der sich ins Fäustchen lacht,
noch Tugend und Geist Gefahren erkennen?
Wer zögert um der Hilfe willen,
kommt schon zu spät zur guten Tat,
und wer da meint, mit gutem Rat
zu helfen, wird nurmehr Trauer stillen.

DIE JAHRE SIND WIE EIN BOOT,
das vieles ertragen muß,
am Ende kommt der Tod
und der gibt den letzten Kuß.

Spuren der Vergangenheit
sind wie der Rost im Eisen,
sie sind tief im Leben drin
und sind nicht fortzuweisen.

Mal hierhin und mal dorthin,
mal Freude und mal Leid,
so ist auch unser Leben
und so auch uns're Zeit.

Freuden, Leiden, Zeit verrinnt,
Kummer, Frohsinn, Zeit gewinnt,
Getränke – klar und unverdünnt –
sind allemal dir wohlgesinnt.

Der Freiheit goldene Flügel
sind nicht zum Fliegen gemacht,
der Freiheit geschwächte Augen
haben viel Nonsens gebracht.

Mein Lebensbuch hat ein Siegel,
das hat mir viel Kummer gebracht,
mein Lebensbuch hat heitere Seiten,
die haben mir Freude gemacht.

DIE TRANSPARENZ VON JENEN KRÄFTEN,

die vieles tun, doch nichts vermöchten,

was dienlich, positiv fürs Leben,

zeigt deutlich ihr vergeblich Streben.

Durch ihrer Wurzeln schwachen Äste,

aus nährstoffarmer Erde Weste,

kann Kraft, die nähren soll, nicht fließen,

drum muß man folgendes draus schließen:

Dies sei gesagt euch Erdenkindern,

ihr müßt das Maß des Wohlstands mindern,

denn wer auf Wohlstandsklippen lebt

und nur nach Wohlergehen strebt,

doch jenen Abgrund ringsherum

– geöffnet tödlich seinen Schlund –

nicht sehen will, weil man nur stumm,

ihn küssen möchte auf den Mund,

der ist dem Los schon längst verfallen

und kann die Rückfahrt nicht mehr zahlen,

der fällt und fällt, mit ihm der Segen,

den einst der Herr der Welt gegeben.

HERBSTZEIT

Lautlos bewegend, setzt sich der Nebel
in Schleierschwaden langsam herab
auf die herbstlich gekleidete Erde.
Bedrückend deuten die gelblichen Stoppeln
der Felder auf Vergänglichkeit hin,
mit untrüglich-trauriger Gebärde.

Ist der Herr oben gnädig und gut gelaunt,
schenkt er dem Herbst zu seinem Trost
einen herrlichen buntfarbenen Mantel.
Keine Täuschung, ein schönes Geschenk
von Seltenheit, zur großen Freude
aller, ein ganz erfreulicher Wandel.

Die Bäche und Flüsse fließen dahin,
wie immer, doch fehlt die Musik,
die sich ausdrückt voll blühenden Lebens,
und die Menschen dulden diese Prüfung,
sehnen sich über die scheintote Zeit,
nach dem neuen Lenz nicht vergebens.

EIN RAT

Wer nicht ein gutes Thema hat,
um ein Gedicht zu schreiben,
und deshalb sich nur quälen muß,
der laß es lieber bleiben.

Bevor man sich voll großer Mühen
anschickt, mit schwulstgeschwellten Zeilen
den Vers zu zier'n, soll man mit Kühen
die Weide lieber geistig teilen.

Das heißt den Anspruch tiefer hängen,
damit das Wort dich auch erreicht
und nicht den Bogen überspannt,
soll man's verstehen auf den Rängen,
sei man zur Einfachheit ermahnt.

Drum trink vom Brunnen der Natur
so viel und oft 's dir möglich ist,
denn nichts geht über eine Kur,
bei der nur du der Sieger bist.

DIE OHNMACHT

Nicht klagt die Ohnmacht ihre Rolle am,
die sie gezwungen ist zu spielen,
nicht spiel'n die Ängste schöne Weisen,
wenn auf die Tatkraft sie dann zielen.

Ein tarngeschütztes Instrument
kann lautlos nur Geträumtes singen,
den Mantel – schwer, aus Ohnmachtswolle –
mit seiner Stimme nicht durchdringen.

Nicht klagt die Ohnmacht ihren Schöpfer an,
man scheitert stets an Kompromissen,
die ihr gestellt, Verzweiflungswahn
muß letztlich eine weiße Fahne hissen.

's ist die Natur, die ihr zu eigen,
und ihr folgt leider ungezwungen sie,
die Wünsche, die ganz hinten warten,
vergessen jene Zeit des Zwanges nie.

AM MORGEN WOLLEN SICH DIE NEBEL,

die schwebend über Fluren steh`n,
nicht verzieh`n, wie sonst es die Regel
– man glaubte gern, es wären Segel
und könnte dann mit ihnen geh`n.

Man möchte gerne mehr erreichen,
doch hängt es meist vom Glücke ab,
vom Zeitpunkt, wo des Lebens Weichen
gestellt, uns beide Hände reichen
und fort, dem Lichte nach, im Trab.

Versäumt des Augenblicks Wimpernschlag
man, Wege, die vom Glück erkoren,
zu gehn, mit and'ren Pferden in den Tag
zu fahr'n, verändert sich mit einem Schlag
der schöne Weg zu gold'nen Toren.

GEBOT DER ACHTSAMKEIT

Besond'rer Achtsamkeit Gebot
sei uns'rer Zeit strenger Begleiter,
nach außen scheint er meistens heiter,
doch mit auf jener Standardleiter
hockt noch ein Rudel blanke Not.

Im Tarngewand entgeht den Blicken
der eigentliche schwache Punkt,
der von dem Wohlstand überprunkt
und seinerseits in kleinen Stücken
als nackte Angst dazwischenfunkt.

Sie ist's, die man bedenken muß,
und Hilfe muß ihr widerfahren,
sonst wird die Not nach vielen Jahren
nur alte Eide offenbaren,
und dieses bringt erneut Verdruß.

WENN DIE NATUR RINGSUM,
gleich uns, den Menschen,
Moral braucht, um im Gleichgewicht
zu leben, dann fürchte ich,
daß beide abgekämpft,
vergeblich ihren Beistand suchen.

Geschwächt, wird es für sie
erheblich schwerer als befürchtet,
sich gegen Schleicherfeinde,
ohn' Unterlaß zu wehren,
denn abgebunden von der Hilfe,
scheint Rettung nicht vorstellbar.

Drittklassig sind doch jene,
die, wissend der Gefahren
sich eingegliedert in den Strom
gewissenloser Macher,
die Volksbedürfnisse gleich
mit beiden Füßen treten.

DIE LUST UND DER MENSCH

Die Lust ist ein synthetischer Begriff
für etwas, was der Mensch mit Macht
aufwühlt und viele Reize
– streng nach des Kerns Anliegen –
zum grandiosen Brand entfacht
und – meistens nur ein Spiel der Zeit –
die Nerven lassen hitzig fliegen.

Beängstigend und willenlos,
empfangsbereit, ihr voll ergeben,
nah`n sich ihm und auf vielen Wegen
die Helfer, die das Lustgefühl
zum Gipfel führen – ein Erlebnis,
das technisch meist auf gleiche Art
erreicht, mit Höhepunkt als Ziel.

IM REICH DER POESIE

Wenn lyrisch man die Sorgen kennt,
Probleme, die das Haus bedrücken,
man sich die Finger leicht verbrennt,
dabei fast in sein Unglück rennt,
man kommt ins Stolpern schon beim Bücken.

Die schöne Seele schlägt sich nicht,
sie will in ihrer Schale bleiben,
sie ist besorgt um ihr Gesicht
und ebenfalls um ihr Gewicht,
läßt lieber andere sich reiben.

Kann sein, wenn man in Tiefregionen
hinabsteigt, wühlt in ihrem Schmutz,
Schöngeister dann in ihren Zonen
aufscheucht, nicht, um sie nicht zu schonen,
fühl`n hilflos sich und ohne Schutz.

Ich fühle mit, mit jenen schönen Seelen,
bin ich doch auch von ihnen stark geprägt,
doch wollte ich das, was mir zusagt, wählen,
müßt ich, so leid mir's tut, den Schöngeist quälen,
bestimmt nicht gern, weil mich die Not bewegt.

Ich ziehe vor, nicht um am „Kreuz" zu sterben
– den Mut und Geist besitz' ich nicht –,
nur lyrisch für die bess're Welt zu werben
– ein kleiner Beitrag für die spät'ren Erben –
und auch dafür, das heller wird das Licht.

Und so geseh`n muß Lyrik überdenken,
was mit Ästhetik es so auf sich hat,
nicht nur das Herz und Seele lenken,
auch Geist soll seinen Beitrag schenken,
denn sonst – so find' ich – wird es fad.

WELCHE GROSSEN KRÄFTE

muß der Ginster haben,
wenn er tagaus, tagein,
das ganze Jahr
im schmucken, grünen Kleid
sich zeigen darf.

Dekorativ im Hain,
lieblich hell und gefleckt,
steh'n Birken, schlank und rank
im neuen Kleid,
weißgefleckt, die Stämme
im Sonnenschein.

Es quillt aus dem Felsen
Geheimnis, woher, wohin?
Seines Wegs Erleben
bleibt verborgen.
Wo ist nur da der Sinn,
bleibt's dabei auch morgen?

EIN LICHT STEHT UNTER`M LEBENSSEIL

Ein Licht steht unter'm Lebensseil,
wirft manche Schattenbilder,
die Gnade bietet Schönes feil,
die Not rast wie ein Wilder.

Das Licht, das unser Leben ist,
fängt allseits an zu strahlen,
es reitet munter, ohne List,
auf schnellen Jahreszahlen.

Es zählt das Ziel als Narbenmund
in einem toten Rennen,
nur der, dort droben, kennt den Grund,
ihn muß man anerkennen.

METAPHER BRAUCHT VIEL FREIEN RAUM,
um ohne Zwang sich zu entfalten,
das Zugeständnis aus der Enge,
bringt nur aus dichtestem Gedränge
die Übertreibung zum Erkalten.

Ein jeder Kunstzweig hat Extreme,
sie haben durch Anschub auch das Recht,
zu zeigen, daß sie was bezwecken,
zwar „brennts" zunächst an allen Ecken,
zum Schluß jedoch, hab'n sie doch recht.

Die Schlaferlaubnis vom lieben Gott,
bringt einen fast zum Edelrosten,
hat man am Tage ein Gebot
verletzt, erntet man weniger den Spott,
doch kann's die Zeit als Strafe kosten.

'S GEHÖRT SCHON MUT

zum Beistand der Verfolgten,
der armen Kreatur, die leidend siecht.

's gehört schon Mut,
sich neben sie zu stellen
und aufzustell'n ein hoffnungsvolles Licht.

's gehört schon Mut
dem Wahn die Stirn zu bieten,
dem Recht verpflichtet, eine freie Sicht.

's gehört schon Mut,
dem Haß sich auszusetzen,
der massemäßig einflußreichen Schicht.

Wer kennt den stillen Mut?
Nur der, der ihn selbst erlebt
an einem menschenfeind-geprägten Tag,
als in der Stunde
der Erniederung Tiefe
ein deutlich' Hoffnungsstrahl im Dunkel lag.

DIE WÜNSCHE BLEIBEN IMMER JUNG,
ob sie erfüllt, ob sie in Sternenschuhen laufen,
die Jahre werden stetig älter
und leben von der Erinnerung.

Im Zweikampf steht von vornherein
nicht fest, ob sich die Erdenschwere
der Zeit annimmt, mehr als den Vagabunden
der Sehnsucht, wartend im Mondenschein.

Mathematik einer Logik,
den Menschen fremd und unbegreiflich,
läßt nach Gesetz die Würfel fallen,
und angenehm ist nur das Glück.

Den Wunsch zu holen mit Gewalt,
schafft Reibungspunkte mancher Art,
Geduld kann ehestens erhoffen,
daß sie erhält, was sie bezahlt.

G eduld gebietet gelassene Größe,
Geld gibt gelegentlich guten Gewinn,
gutgebaute Glaubensflöße
geben gestärkten Gemeinschaftssinn.

L iebenswerte Lobesreden,
langzeitiger Lebensmut,
leugnen linkisch Lebensfehden,
lächeln lahme Lebenswut.

A usnahmsweise „alte Affen",
Adernflüsse aktivieren,
aufgefrischte Angriffswaffen,
Amorspiele ausprobieren.

U nsinn urteilt unbeholfen,
Undank, unsagbar ungerecht,
Unbequeme unterrichten,
umfangreiches Umgangsrecht.

B ienenstock bringt Blütenhonig,
Butter beinhaltet Butterfaß,
Bürgermeister besitzt Bundeschronik,
Bursch bekommt Brauereibierglas.

E ingeweckte Edelpilze
essen einfache Eskimos,
eine echte Eisbeinsülze
enthält ein Extra-Einkaufslos.

N achtgestirne niederblinken,
Neumond nickt nur nebelblind,
Nebelschwaden niedersinken,
– Novemberwetter – Nordwestwind.

F   reiheitlicher Friedenswillen
festigt Friedenspolitik,
Feindbildform, Fanatiker füllen,
Fernostfrieden? – Fernblick.

R   ittergutsbesitzerwitwe,
rassig, reizend, resolut,
reitet regelmäßig Rennen,
– Rennpferd: reinstes Rasseblut.

I   rdisch-irre Interessen
imponieren Jugendzeit,
idealistische Ideen
infiltrieren Inselwelt.

E   insame Einsiedlerkrebse
– einstmals Erlebtem erlegen –
eilen effektvoll-erregt
entferntem Eiland entgegen.

D   ie Demokratie – degeneriert –
dient der Demagogenquilique,
die Demokratie – deprimiert –
duldet diese Dornenbrücke.

E   manzipierte Eselinnen
erfahren eine Eselshuld,
einen Eistanz einzustudieren,
erfordert eine Eselsgeduld.

L iedersänger lieben Lieder,
Lacher lieben Lebensmut,
Lebensmut läßt Liebe leben,
Liebe leidet Liebesglut.

I nselromantik imponiert,
Inselleben improvisiert,
Inselbewohner – isoliert –
ist inselpolitisch irritiert.

E feufrische Ehrenjungfern
eines Entenzuchtvereins,
essen etlicher eitler Enten
exquisites Entenbein.

B litzsaubere Badenixen
bevölkern breiten Badestrand.
Benutzte, bunte Bierblechbüchsen
beleidigen brave Badesand.

E itle Ehrendoktorwürde,
einfach edles Ehrengut,
erntet Ehrendoktorbürde,
ehrt einsamen Erkennungsmut.

DAS LICHT DER LIEBE

Die Liebe ist für uns ein Licht,
das sich durchs Leben zieht,
sie gibt uns das, was man aus Sicht
des Herzenswunsches sieht.

Das Licht der Liebe blüht auf Zweigen,
verborgen, voller Zuversicht,
froh tanzt es uns die schönsten Reigen
und strahlt als Glück aus dem Gesicht.

Die Liebe ist ein starkes Licht,
das für ein ganzes Leben reicht,
selbst aus den schattenreichen Tälern,
dankbar aus seinem Dunkel weicht.

Die Liebe ist ein starkes Band,
das manchmal im Gewirr der Zeit
vom Dunst der Schicksalshaftigkeit
sich säumen läßt, doch stark im Hoffnungsdrang.

Auch zarte Pflanzen sind oft stark,
vermögen Wunder zu vollbringen,
wenn sie in Liebe umgepflanzt,
das ewige Lied der Herzen singen.

WIE HAT SICH AUF DER OFF'NEN BÜHNE,
der Geist in auffälliger Form
geändert, mit ihr die Struktur,
die Ehrlichkeit mit ihrer Norm
ist fast nur noch Makulatur.

Man hört sich die Beschwerden an
und läßt sie durch die Ohren sausen,
man winkt auch freundlich hinterher,
denn wer nicht drin ist, der ist draußen,
doch diese Stilart schmerzt so sehr.

Was bringt der Standard doch für Formen
des Miteinander nur hervor?
Bequemlichkeit heißt jener Geist,
der so, der Ehrlichkeit im Tor,
sich widersetzt und fort sie weist.

Vielleicht sollt' mal der Standard kippen,
damit die Arroganz die Bühne räumt.
Zur Einsicht kann man nur gelangen,
wenn man nicht mehr von Größ'rem träumt,
nur so entkommt man ihren Zangen.

GEFÜHLE FLIEH`N IM WEITEN BOGEN,
zeitlos tief in den Raum hinein,
keine Waage hat sie je gewogen
– ob von der Angst oder'm Glück gezogen –,
sie fliegen in das Nichts hinein.

Manchesmal dehnen sich Sekunden
zu einer wahren Ewigkeit,
doch wiederum bereiten Stunden
– zu einem schönen Strauß gebunden –
uns kurzweilige Fröhlichkeit.

Drum keine Hemmnisse im Wege,
die g'rad und übersichtlich sind,
was leicht und einfach in den Schoß
fällt, ist bestimmt risikolos,
des Schicksals Gnade liebes Kind.

DAS LIED VOM SCHEIN
ODER DER ABBAU DER GUTEN VORSÄTZE

Wie wendehalsig man sich beklagt,
wie wehrhaft man zum Rückzug bläst,
wie wurmweich man das Gegenteil sagt,
wie wacker, nichtssagend man fräst.

Wie wohlgesinnt wir daran denken,
wie wehleidsvoll wir reagieren,
wie windschlüpfrig Vertrau'n wir schenken,
wie wahrhaft echt wir uns genieren.

Wie volltönend man sich verteidigt,
wie richtungswechselnd schon im Geist,
man zweifelsschwanger sie beleidigt
und trotzdem in Effekten reist.

Wer geistiges Schlittenfahren liebt,
im Phantasieland sich gerne sieht,
wer froh den Schlitten nach unten schiebt,
ist jemand, der nach dem Vorteil zieht.

AUS TRAUM WIRD MANCHMAL WIRKLICHKEIT

und bringt uns Glück in bunten Farben,
der heit're Sinn erwacht zum Leben
und glättet so des Lebens Narben.

Doch auf der Flur von Hochgefühlen,
geh`n Wünsche mal auch in die Binsen,
und plötzlich welken die Gedanken,
belehren uns mit Zinseszinsen.

Das Fazit ist von alledem:
Weiß man, wohin die Reise geht,
ob Wunsch, ob Traum sich dir erklären,
ob's in dem Buch der Nornen steht?

LIMERICKS

Wär' ich nur wie Luther so wach,
dann gäb's in der G'meind keinen Krach,
's wär' alles in Butter
und mit Martin Luther
wär's friedlich im stillen Gemach.

Ihr kennt mich als Mann von der Kanzel,
in der Freizeit sing' ich auch mal G'stanzl,
man sagt zu mir Hansl,
mit Hausnamen Gansl,
auch liebe ich manchmal ein Tanzl.

Hochwürden war'n einfacher Pater,
er ging allzu gern ins Theater.
Von A bis zum Zett,
stand er auf Ballett,
sonst war er kirchlicher Berater.

Hochwürden trank gern mal ein Bier
zum Ausgleich und gar nicht aus Gier.
Die Laune wuchs schier,
leer blieb das Papier
und schuld daran war nur das Bier.

Hochwürden sprach durch das Gitter:
Legt schnell ab den schädlichen Flitter,
verführende Güter
verderben Gemüter.
Was übrig bleibt, schmeckt wahrlich bitter.

Kein süßes Geschenk der Natur
ist eine Abmagerungskur.
Erlebt man sie pur
wird sie zur Tortur
und dabei so dünn wie 'ne ‚Schnur'.

Weshalb kaufst die Sachen denn bloß?
Wenn sie ein, zwei Nummern zu groß?
's Geld ist unser Los,
's fällt nicht in den Schoß,
in zwei Jahren pass'n Rock und auch Hos'.

Man fällt meist 'rein, wenn man zu ehrlich,
wenn's Krokodil zuschnappt, wird's gefährlich.
Darum hier mein Rat:
Auch wenig macht satt,
dies' beides ist nicht unentbehrlich.

Ein sparsamer Mensch ist bescheiden,
ein Geizhals dagegen muß leiden.
Nur wer hier natürlich
erfährt ganz ausführlich,
wie man in das Fleisch sich kann ‚schneiden'.

Ein Kopfstand eröffnet Aspekte
von dem, was die Umwelt versteckte.
Doch steigt uns das Blut
dann unter den ‚Hut',
wird's Zeit, daß man Neues entdeckte.

In Lim'rick, 'ner irischen Stadt,
fand einstens ein Wettdichten statt
und wie es so kam,
überwand man die Scham
und mancher Vers war frech und satt.

Auch Farben sind wichtig für'n Zweck,
Geschmack äußert sich im Gedeck.
Ist Takt auch ,an Deck',
Geist nicht auf dem Treck,
wird's ungetrübt-schön im Versteck.

Mit Maß kann man Freßsucht bekämpfen,
mit Selbstdisziplin sie auch dämpfen.
Wer's einmal probiert,
hat's gleich auch gespürt,
nur zu, es hat nichts mit den ,Krämpfen'.

Einst hüpfte der Till über's Seil
und freute sich ob der Kurzweil.
Noch ahnte er nicht
das End' der Geschicht',
der Sturz aus dem Sein war dann steil.

Die Priorität geht immer vor,
das Sekundär singt nur im Chor.
Wer absolut denkt,
wird meist abgelenkt
vom Relativ im Rechnungstor.